Schreiber Alois Wilhelm

Die Nachtwachen des Einsiedlers zu Athos

Schreiber Alois Wilhelm

Die Nachtwachen des Einsiedlers zu Athos

ISBN/EAN: 9783744702669

Hergestellt in Europa, USA, Kanada, Australien, Japan

Cover: Foto ©ninafisch / pixelio.de

Weitere Bücher finden Sie auf **www.hansebooks.com**

Die

NACHTWACHEN

des

Einsiedlers zu Athos.

1790.

Erste Liefrung.

A 2

— Hm! Kaloyer! — Nichts als Kaloyer! Ich bin dazu verdammt, entweder keinen Umgang, oder den elendeſten in der Welt zu haben. Und da ziehe ich die Einſamkeit vor. Bei Tage iſt's mein Beruf, zu bethen, zu ſingen, zu gähnen, und vor langer Wei-

A 3　　　　le

le einzufchlafen. Des Nachts , wenn felbft die Thiere der Ruhe pflegen , wache ich , weil ich am Tage nicht arbeitete.

Andere Eremiten haben Umgang mit den heiligen Engeln. Diefe niedlichen Iungen des Himmels kommen leifes Trittes durch die Schatten der dämmernden Nacht , ihnen Gefellfchaft zu halten. Sie befprechen fich mit dem frommen Schnarcher , wenn der Zauberftab des wohlthätigen Schlafs feine Augenlieder berührt hat.

Aber Ich ! Wie ganz anderft fiel mein Loos aus der vom Zufall gefchüttelten Urne des Schikfals. Die

En-

Engeln fagen mir kein Wort, und felbft die Teufeln verfuchen mich nicht.

Alles vereinigt fich, meine Einfamkeit vollkommen zu machen. Dies entfcheidet meinen Beruf; zu träumen. — Verzeih', Lefer, der du nicht, wie Ich, auf dem Gipfel des Athos einfam lebft, wenn diefe Blätter, die nur für Einfiedler find, dort unten im Thal dir in die Hände fallen — um dir Langweile zu machen.

Der Fluch aus Süden und Norden wartet ihrer; dies weis ich. Aber mag er's! Ich habe Nichts zu verlieren: denn längft bin ich Nichts mehr für

A 4   die

die Welt, und die Welt ist nichts mehr
für mich.

Erste Nachtwache.

—

Spinoza

der Dritte.

———————————

Steigt dann herab vom hohen Athos, verwaiste, eurem Schikſal preisgegebene Blätter. Euch begleite mein Wunſch, daſs ihr hin und wieder Einſiedler finden möchtet.

Spinoza
der Dritte.
Oder
der entschleierte Aberglaube.

—

Nicht dem Geiste des Zeitalters , welches sich — noch zu frühe — aufgeklärt nennt , sind diese Blätter geweiht. Ich kenne die Welt, worin ich lebe, zu gut, als daß ich mir mit dem Beifall des größten Theils derer , welche — wo nicht zu denken, doch — zu urtheilen pflegen , thörichterweis schmeichlen sollte.

Den wenigen Edlen , welche in stiller Verborgenheit die schönsten ihrer Stunden der Erforschung der Wahrheit weihen, und durch mühsames Streben sich von den Vorurtheilen der Zeit

— oder

— oder aller Zeiten — losgewunden haben, ift
vielleicht dies kleine Gefchenk nicht ganz unwill-
kommen.

Nur diefe wünfcht der Verfaffer zu Lefern
und Richtern. Nur ihr Beifall wird der Lohn feiner Arbeit und die Freude feines Herzens fein.

Das Lob feiner Halbbrüder, der Bonzen, der
Fakire und Derwifche — von allen Farben —
verbittet er fich : es möchte ein Zertifikat feiner
Infipidität werden.

———

In der Natur kann es nicht mehr als Eine
Subftanz geben. Wären ihrer zwo oder mehrere,
fo müften fie — wenn fie wirklich mehrere fein
follen — in Etwas von einander verfchieden fein.
Eine Subftanz müfte gewiffe Befchaffenheiten haben, welche die andere nicht hat. Die Pluralität
diefer Subftanzen würde alfo die Verfchiedenheit
ihrer Befchaffenheiten, fo wie die abfolute Identi-
tät aller ihrer Befchaffenheiten die Einheit der
Subftanz, in fich fchliefen, d. h. die Mehrheit
der Subftanzen ausfchliefen würde.

Denn mehrere Dinge müffen auch verfchiede-
ne

ne Dinge fein. Was aber durch keine einzige
Befchaffenheit von dem andern verfchieden ift,
das ift gar nicht von ihm verfchieden. Und was
gar nicht von einem Dinge, welches wir *A* nennen wollen, verfchieden ift, das ift mit *A* Eins
und Ebendaffelbe.

Wären alfo zwo Subftanzen in der Natur, fo
könnten fie nicht einerlei Natur und Eigenfchaften haben. Eine müfte aufer der andern fein,
und ohne die andere gedacht werden können. *)

Allein der Begrif der Subftanz ift e i n i g,
e i n f a c h, u n v e r ä n d e r l i c h. Er enthält
nicht Einmal d i e f e, ein Andermal j e n e
Merkmale. Ein Ding, dem nicht alle darin ent-
haltene, oder etwa a n d e r e, Merkmale zukä-
men, wäre keine Subftanz.

Alle Eigenfchaften der S u b f t a n z find von
einander unzertrennlich. Unmöglich könnte alfo
die

---

*) *Eine Subftanz kann nicht in der andern*
fein. Was in der Subftanz gedacht wird,
das find ihre Accidenzen. Eine Subftanz
mus ohne die andere fein, und gedacht
werden können.

die eine mit diefen, die andere mit andern Eigenfchaften exiftiren.

In der Natur exiftiren mannigfaltige Individuen, aber nicht — mehrere Subftanzen.
Alle diefe Individuen, in fo fern fie etwas mit einander gemein, oder einerlei Natur haben, find
auch, — da ihre Verfchiedenheit blos Differenz
der Modifikationen ift — nur Arten zu
fein (*Modi*) einer und derfelben Subftanz.

Eine Subftanz kann nicht von der andern
hervorgebracht werden. Denn, wenn z. B. zwo
Subftanzen wären, fo könnten fie — da fie von
einander verfchieden fein follen — nicht einerlei
Natur und Eigenfchaft haben. Hätten fie aber
nicht einerlei Eigenfchaften, fo hätten fie auch
nicht einerlei Wefen. Folglich hätte wenigftens
eine von ihnen das Wefen der Subftanz nicht,
d. h. fie wäre keine Subftanz.

Subftanzen, die nicht einerlei Natur und
Wefen hätten, hätten Nichts mit einander gemein. Von Dingen, die Nichts mit einander gemein haben, kann Eins nicht die Urfache des
Andern fein; oder Eines kann aus dem Andern
nicht erkannt, begriffen oder abgeleitet werden.

Da

Da es nun nicht zwo Subſtanzen von einerlei
Natur und Beſchaffehheiten geben kann, und da
Subſtanzen, die Nichts mit einander gemein hätten, eine der andern Urſache nicht ſein kann: *)
ſo erhellet, daſs eine Subſtanz von der andern
nicht hervorgebracht - werden kann. Da nun
Nichts als die Subſtanz '(oder, wenn man durchaus widerſinnig ſein will, die Subſtanzen) und
ihre Beſchaffenheiten exiſtiren, und die Subſtanz
nicht durch Jhre Beſchaffenheiten herfürgebracht
ſein kann, ſo folgt, daſs die Subſtanz gar
nicht herfürgebracht, alſo — ewig, unabhängig, ſelbſtſtändig, nur in ſich ſelbſt
gegründet, mithin nothwendig, und das Erſte
oder Vorderſte ſei, was allem Andern zum Grunde liegt.

Ohne Subſtanz giebt' es weder Beſchaffenheiten noch Modifikationen, noch Wirkungen.
Sie iſt die Baſis aller Möglichkeiten.

Daſein

---

*) Eigenſchaften, die ein Ding ſelbſt nicht hat,
kann es ja einem andern Ding, oder ſeiner Wirkung, auch nicht mittheilen.

Dahin gehört zum Wesen der Subftanz. Exiftirte keine Subftanz: fo exiftirten auch keine Befchaffenheiten : folglich exiftirte Nichts. Alfo könnte auch Nichts wirken, Nichts gewirkt werden.

Die Subftanz ift — wie wir gefehen haben — nicht herfürgebracht. Sie ift der Grund, die Bafis alles Werdens, aller Herfürbringung.

Sie hat alfo ihr Sein nicht von einem andern Ding. Folglich hat fie ein Sein, welches keiner Urfache bedarf, ein unabhängiges, wefentliches Sein.

Eine Subftanz, die nicht exiftirt, ift eine Subftanz, die nicht exiftiren kann., d. h. eine unmögliche Subftanz, oder eine Subftanz, die keine ift.

Denn, exiftirt fie nicht, und fie foll doch exiftiren können, fo mufs fie von einer andern herfürgebracht werden können. Was aber von einem Andern herfürgebracht ift, das ift Wirkung der Subftanz, nicht felbft Subftanz. Ich fchreite nun zum Beweis der Unendlichkeit der Subftanz.

Wir

Wir haben gezeigt, daſs nur Eine Subſtanz iſt, daſs dieſe nicht hervorgebracht ſein
kann, daſs folglich das Daſein, welches ſie nicht
von einem andern hat, zu ihrem — nicht auf
mehrere Art beſtimmbaren — Weſen gehören
muſs. Die Subſtanz nun, welche, als Urgrund
alles Möglichen, nothwendig ſein, und vor Allem gedacht werden muſs, muſs entweder endlich
oder unendlich ſein.

Wäre ſie endlich, ſo müſste ſie entweder ſich
ſelbſt eingeſchränkt haben, welches unge-
reimt iſt, *) oder ſie hätte ihre Schranken, alſo
ihre

---

*) *Die allgemeine Subſtanz kann eben ſo wenig*
ihren Realitäten Schranken geſezt, als
ſich ſelbſt hervorgebracht haben. Das
Weſen der Subſtanz ſchließt keine Vernei-
nung in ſich. Iedes endliche Ding aber
wird von andern Dingen, von denen das
nemliche gilt — erzeugt, genährt, erhal-
ten. Ein ſolches Ding congruirt offenbar
dem Begriffe der Subſtanz nicht. Es be-
ſtehet nicht für ſich, ſondern in andern,
und durch andere.

B

Ihre durchgängige Beſtimmung, (omnimoda de-
terminatio) von einer andern bekommen. Dieſes
iſt unmöglich, da, 1. nur Eine Subſtanz exiſtirt,
2. die Subſtanz unabhängig iſt, und alſo den
Grund ihres beſtimmten Seins nicht auſer
ſich, in einem andern Dinge, haben kann.

Da alſo die Subſtanz weder ſich ſelbſt begrenzt, noch den Grund ihrer beſtimmten Schranken — alſo ihrer beſtimmten Exiſtenz — in einem
Auſſendinge haben kann, ſo iſt ſie nicht endlich.
Alſo nur, als unendlich, denkbar. Was alſo
endlich iſt, iſt nicht, im ſtrengſten Sinne des
Wortes, Subſtanz.

Recapitulation des Vorhergehenden. Aus-
dehnung und Denken.

Wir haben geſehen, daſs, 1. nur Eine Subſtanz iſt, daſs, 2. die Subſtanz nicht hervorgebracht ſein kann, weil jede Hervorbringung ſchon
Subſtanz vorausſezt, und daſs, 3. die Exiſtenz
alſo zum Weſen der Subſtanz gehören, oder von
ihrem vollſtändig gefaſten Begriffe unzertrennlich
ſein muſs. 4. Die Subſtanz iſt unendlich. Denn:

es

es ift nichts da, was ihrem Wefen, ihrer Realität, Schranken fezen könnte,

Wenn die Unendlichkeit der Subftanz einmal
erkannt ift, fo kann man auch von ihr auf die
E i n h e i t der Subftanz ficher fchliefen. Zwei
Unendliche , die wirklich von einander verfchieden fein follen, müften aufer einander fein. Aber
wie kann etwas aufer dem Unendlichen fein ? —
Wenn aufer ihm noch etwas ift, was zu ihm
nicht gehört , fo ift es nicht der Inbegriff aller
Realität, das grofe All.

Man kann fich fo wenig zwei unendliche Subftanzen , als zwei unendliche Raume , denken,
So wie ein unendlicher Raum alle erdenkliche
Ausdehnungen und Figuren in fich fchliefft , fo
faffet auch Eine unendliche Subftanz die Totalität
alles Wirklichen in fich,

Aber was für Eigenfchaften der Subftanz
machen für uns ihr Wefen aus? — — Wir ken-
nen Ausdehnung und Denken, Subftanz ohne alle Ausdehnung ift für uns gar nicht vorftellbar.
Sie wäre nur der leere Begriff eines geometri-
fchen Puncts, eine nichtige Abftraction. Zudem:
Ausdehnung läfst fich nicht anderft , als unend-

B 2   lich,

lich, oder unbegrenzt, denken. Selbst diejenigen, welche die Endlichkeit der Materie und der Welt vorausfezen, nehmen doch einen unendlichen leeren Raum, alfo — eine unendliche Ausdehnung, an. Eine abfolute äuferfte Grenze aller Ausdehnung läfst fich ohne Widerfpruch nicht denken: Man feze die Ausdehnung *A.* als begrenzt, fo mufs fie durch Etwas — nicht durch N i c h t s — begrenzt fein. *) Diefes Etwas. mufs die Ausdehnung. *B.* fein, welche unmittelbar da. anfängt, wo die *A.* aufhört. Denn jedes Ding wird nur von einem andern Dinge derfelben Art begrenzt. Dies gehet nun fo in's Unendliche fort. Ein Aeuferftes kommt nirgends vor.

Wenn aber Ausdehnung nicht anderft, als unendlich, gedacht werden kann, fo ift fie nothwendig eine Eigenfchaft der unendlichen Subftanz.

Ihre Theilbarkeit ftehet uns nicht im Wege. Denn von ihr kann kein Theil, wirklich, und dergeftalt, abgefondert werden, dafs er aufer der

Welt

---

*) *Durch. Nichts begrenzt fein, heifst fo viel, als k e i n e Grenze haben.*

Welt verfezt , und gleichfam zernichtet würde.
Durch Zufammenfezung und Auflöfung einzelner
Körper wird die unendliche Ausdehnung weder
der Qualität, noch der Quantität nach, verändert.
Die Maffe der Materie nimmt weder ab, noch zu.
Von der Ausdehnung , die eine wefentliche Eigenfchaft der Subftanz ift , gehen wir zu einer
andern, eben fo wefentlichen, fort. Diefe ift das
Denken. Nur durch das Denken erkennen wir
die Ausdehnung, und das S e i n. Um zu beweifen , dafs das Denken eine nothwendige Eigenfchaft der Subftanz fei , darf nur die Unendlichkeit des Denkens dargethan werden. Ich begnü-
ge mich mit einem Beweife a p o f t e r i o r i. Alle
Begriffe find Modificationen des Denkens , oder
das modificirte Denken. Nun ift — wie Lambert
mit Recht fagt — die Summe der möglichen Begriffe abfolut unendlich, oder, gröfer, als jede
Zahl , die fich angeben läfst. Nur eine unendliche Eigenfchaft ift unendlicher Modificationen fä-
hig. Wenn das Denken alfo unendlich ift , fo
mufs es Eigenfchaft der unendlichen Subftanz
fein.

Kein Denken ift ohne Ausdehnung. Denn

diefe

diefe — mit ihren mannigfaltigen Modificationen,
als, Figur, Bewegung, u. f. f. — ift Object oder
Inhalt des Denkens. Das Denken kann nicht blos
fich felbft zum Thema und Gegenftand haben.
Ein Gedanke von einem Gedanken ift Nichts,
wenn diefer leztere Gedanke wieder Nichts, als
blofen Gedanken, zum Object hat. Selbft die ab-
ftracte Ideen der Zahlen, beziehen fich, direct
oder indirect, auf Ausdehnung und ihre Modificationen. Sie find von der Vielheit coexiftiren-
der Theile in der Ausdehnung, und der Vielheit
fucceffiver Bewegungen im Ausgedehnten, abge-
zogen, oder nur auf diefe Dinge anwendbar.

Wir haben alfo Ausdehnung — wovon gewiffe neuere Erzmetaphyfiker fo verächtlich re-
den — und Denken, als unendliche Eigenfchaften
der Subftanz erkannt.

Wir haben gefehen, dafs die Exiftenz nicht
etwas zufälliges ift; fondern zum Wefen der Subftanz gehört.

———

So wie die Subftanz, als der nothwendige
Urgrund alles Wirklichen und Möglichen, nicht
zu-

zufälligerweife exiftirt, fo wirkt fie auch nicht
zufälligerweife. Ihr Wirken ift fo nothwendig,
als ihr Sein. Denn es ift von ihrer Natur unzertrennlich.

Ich frage nun: kann von einer abfolut nothwendigen Urfache eine zufällige Wirkung her-
kommen? — — Nimmermehr! .

Es ift ein Widerfpruch, die Kontingenz der
Welt, und zugleich die abfolute geometrifche
Nothwendigkeit des Seins und Wirkens ihrer Ur-
fache, behaupten zu wollen.

In der That machen die Naturkräfte ein un-
endliches Syftem aus, wo immer ein Rad die
Bewegung des andern beftimmen und abändern
hilft, wo alles innigft zufammenhängt. Man kann
aus der grofen Kette nicht Ein Glied herausneh-
men, ohne das Ganze zu zertrennen, ohne die
Ordnung und Folge des Ganzen zu ändern —
nicht Ein Glied hineinzwängen, ohne den Zufammenhang des Ganzen zu trennen, und eine
neue Welt zu machen.

Hieraus allein läfst fich abnehmen, wie wenig diejenige Glauben verdienen, welche Wunder
oder Ereigniffe, gegen die Gefeze der Natur, ge-

fehen

feben haben wollen, und von uns fodern, dafs wir ihnen diefe vorgeblichen Facta, auf ihr ehrliches Geficht hin, glauben follen.

Der Gott, den wir bisher als den nothwendigen Urquell der Naturen erkannt haben, ift nicht der e i n p e r f ö n l i c h e Jehovah der Hebräer, zu deffen Bilde der M e n f c h das Modell, die Hauptzüge, hergegeben hat: nicht der d r e i p e r-f ö n l i c h e contradictorifche Gott der heutigen Chriften, welcher ein viereckigter Zirkel — einfach und dreifach zugleich ift; in welchem E i n untheilbarer Verftand und Wille in drei verfchie-denen Perfonen wohnet, drei perfönliche Einheiten, zufammengenommen, Eine untheilbare Einheit, Einen Geift oder Gott bilden. *)

Aber, fagt ihr, der Jehovah der Hebräer — welcher nachher aus einer Perfon in drei Perfonen vervielfältigt worden ift, und einen Sohn ge-

---

*) Dazu kommt noch, dafs die zweite Perfon von der erften gezeugt, alfo nicht felbft-ftändig, und doch — Gott ift; dafs fie Gott und Menfch zugleich, d. h. endlich und unendlich zugleich ift! O he!

gezeugt hat, der — auch Gott ift, ohne, dafs die
Juden ihn anerkennen — hat fich doch den Vä-
tern offenbaret, und hierüber gewiffe Urkunden
abfaffen laffen? — Ich fage : Diefe Urkunden
find voll, von Fabeln und Widerfprüchen, Sie
tragen alfo das Gepräge der Falfchheit auf der
Stirne. Der Schrift zufolge find nicht nur in einigen Fällen Engel gefehen und gehört worden,
fondern fogar Gott felbft foll bisweilen e r f c h i e-
n e n fein, und geredet haben.

Aber unfere Theologen lehren ja , . Gott fei
ein r e i n e r G e i ft, folglich ohne allen Körper.
Wenn dem fo ift, fo kann er weder gefehen noch
gehört werden. Unfere Sinne find nur für k ö r-
p e r l i c h e Einwirkungen gemacht, und haben
mit ganz g e i f t i g e n Wefen kein Verhältnifs.

Wenn es der Natur eines reinen Geiftes wi-
derfpricht, mit einem Körper bekleidet zu fein,
fo hat Gott fich auch nicht a u f e i n e Z e i t l a n g
mit einem Körper bekleiden können. Was dem
Auge erfcheint, hat Figur und Farbe, ift alfo
Körper. Was vom Ohr gehört wird, ift Schall,
und alfo Körper. Rede oder Stimme ift Körper,
ihrem Urfprung und ihrer Wirkung nach. Was

B 5   tönet,

tönet, oder fpricht, ift körperlich. Wie kann nun Gott, der keine Organe hat, fprechen? —

Alle jene vorgegebene Geiftererfcheinungen waren theils vorfezlich zu politifchen Zwecken erdichtet, theils, blos natürliche Träume, Wirkungen einer erhizten orientalifchen Einbildungskraft. Ihre objective Realität hat offenbar nicht mehr Beweis für fich, als die Realität der Swedenborg'fchen Vifionen, welche gewifs in der verftimmten Einbildungskraft diefes Sehers ihren Grund hatten. Man weis, dafs Swedenborg fehr oft Geifter gefehen und gehöret, auch allerlei Nachrichten und Auffchlüffe von ihnen bekommen haben will. Verdienen die Swedenborge der alten Welt mehr Glauben, als die Vifionnairs der neuern? —

Aber, mir ahnet es, noch könnt ihr euch, liebe Lefer, nicht ganz von dem Wahne eurer Jugend losmachen, an Wunder zu glauben, wodurch, euren Urkunden und alten Sagen zufolge, gewiffe Propheten und Orakler fich legitimirt haben follen. Je! welchen, auch nur halben,

ben, oder viertels, Beweis habt ihr für diefe Al-
fanzereien? —

Keinen, als das Vorgeben einiger unbe-
kannten Scribenten, deren Untrüglichkeit ihr
weder erweifen, noch ohne Beweis vorausfezen
könnet! — —

Wenn ihr ein altes, hin und wieder verftüm-
meltes, hin und wieder erweislich verfälfchtes,
Buch fändet, welches euch erzählt: das Licht fei
eher, als die Sonne, gewefen, Eifen habe auf
der Oberfläche des Waffers gefchwommen, ein
Hexenmeifter habe Stäbe in Schlangen, und
Schlangen in Stäbe, alles Waffer eines grofen
Stromes in Blut, und eine Frau in eine Salzfäu-
le, Staub in Läufe, verwandelt, ein Efel habe
geredet, einige Priefter hätten mit ihren Widder-
hörnern die Mauern einer belagerten Stadt über
den Haufen pofaunet, Tode wären wieder leben-
dig geworden, ein Weiffager fei in einem feurigen Wagen, von feurigen Roffen gezogen, gen
Himmel gefahren — — wenn ihr all' diefe Sä-
chelchen in einer alten Urkunde läfet, würdet ihr
diefe Thorheiten darum glauben, weil — fie ge-
fchrieben ftehen? — —

Als

Als vernünftige Menschen müſtet ihr denken: Weil das Erzählte phyſiſch unmöglich iſt,
ſo kann ich dem Erzähler, für deſſen Infallibili-
tät ich ohnehin nicht den Schatten eines Bewei-
ſes habe, durchaus nicht glauben. Denn ſolche
wunderbare Ereigniſſe ſtreiten mit allen bekannten Geſezen der Natur. Aber es ſtreitet nicht mit
dieſen Geſezen, daſs einige Autoren ſich irren,
oder auch wiſſentlich die Unwahrheit ſagen.

Die Proteſtanten glauben nicht, was ſie in
ſo vielen Mönchschroniken und Legenden leſen:
daſs ein wunderthätiges Muttergottesbild die Augen verdrehet habe, daſs die Statüe eines Heiligen geſchwizt habe, daſs aus einem lebloſen
Bild des Gekreuzigten, oder aus einer durch die
Zauberformel eines Capuziners verwandelten Ob-
late, Blut gefloſſen ſei, daſs — wie ein angeſe-
hener catholiſcher Prälat bezeuget — aus dem
Bilde der Gottesgebährerin, zu Eichſtätt, das
lauterſte Oel ſtetig herausflieſe. Sie glauben dieſe
Abentheur ſo wenig, als die Erzählung Virgils,
daſs bei Caeſars Tode im ſchweigenden Hayn eine ſchrekliche Stimme gehört worden ſei, daſs
man in der Nacht blaſſe Geſpenſter geſehen habe,

daſs

daſs das Vieh geredet, daſs das Elfenbein in den Tempeln geweint, und das Metall geſchwizt habe.

Warum aber hält man alle dieſe Wunderdinge für erdichtet? Weil ſie die gemeine Erfahrung und den ganzen bekannten Lauf der Natur wider ſich haben, den doch das dreuſte Vorgeben einiger Mönche und Poeten nicht aufwiegen kann. Schon Cicero urtheilte über dergleichen Unfacta ſehr richtig.

Wie kann man doch, ſagt er, eine jede Feuchtigkeit, die ſich an ein metallenes Bild, oder an einen leblofen Körper, von aufen anſezt, und die etwa mit Schweis oder Blut etwas Aehnlichkeit hat, ſogleich für wahres Blut, oder wahren Schweis, erklären? — Weis man denn nicht, daſs Blut und Schweis Dinge ſind, die nur aus den Säften eines lebendigen thieriſchen Körpers entſtehen können?

Cicero nahm ſich die Freiheit, den Aberglauben ſeiner Zeit — der noch von vielen für Religion gehalten wurde — zu beſtreiten. Warum ſollten wir uns nicht des nemlichen Rechts bedienen dürfen? —

Der

Der Aberglaube — und dahin gehört der Glaube an mündliche oder fchriftliche Orakel, an Wunder, Geiftererfcheinungen, ovidifche Verwand-lungen, u. d. m. — ift die Peft der Vernunft, die Schande der Menfchheit.

Alle Volksreligionen find auf Undinge, d. h. auf vorgegebene Offenbarungen und Götterfprüche gegründet. Offenbarung ift ein Wunder, und wird durch Wunder bewiefen. Diefer Beweis enthält einen offenbaren Zirkel.

Eben diefe politiven Religionen haben Undinge zum Gegenftand. Sie fezen Götter vor-aus, welche nur Gefchöpfe der Phantafie fein können; launigte, eigenfinnige Götter, welche ganz nach Menfchenart handeln, erfcheinen, be-fehlen, drohen, verheiffen, zürnen, und wieder befänftiget werden, lieben, haffen, billigen, ver-werfen, oder gar, zufolge einer eigenfinnigen und unerklärbaren Wahl, felig machen und ver-dammen.

Man hoffet, durch Opfer, durch Bitten und Flehen, die Laune diefer Phantomen biswellen zu unferm Vortheil verändern und fie uns günftig machen, oder fie zu einer — unfern Wünfchen

und

und Neigungen gemäſen — Direction des Natur-
laufes diſponiren zu können.

Man verehret die Götter entweder in der
Hoffnung, von ihnen dafür belohnet zu werden,
oder aus Furcht vor ihrer eingebildeten Ungnade.
Alſo iſt Eigennuz das Ziel oder der Zwek aller
Götterverehrung. In der That, wozu ſich mit
ihnen abgeben, wenn wir von ihnen keine willkürliche Gaben zu hoffen, keine willkürliche
Mishandlungen zu fürchten haben? —
In allen pöbelhaften Religionen liegt, mehr
oder weniger, die ungereimte Vorſtellung zum
Grunde, daſs wir auf die Götter wirken, und,
gewiſſermaſſen, ihren Zuſtand, durch angenehme
oder widrige Eindrüke, modificiren könnten.
Daher wähnet man, gewiſſe Handlungen wären
den Göttern überaus angenehm, andere aber rein-
ten ſie zum Unwillen.

Wie können wir aber auf die Gottheit durch
dergleichen Eindrüke wirken, wenn ſie ein unabhängiges, und ohne unſer Zuthun ſeliges Weſen iſt? — — Alle Religionen ſind voll von dergleichen Widerſprüchen. Dies kann man wärlich
von der Moral nicht ſagen, welche auf ewige

War-

Warheiten, auf das allgemeine Interesse der
Menschheit, gegründet ist. Ihren heiligen Vor-
schriften, welche die Stimme der Vernunft, das
unwandelbare Gesez der Natur sind, kann man
nie beharrlich zuwider handeln, ohne sich selbst,
oder andere, unglüklich zu machen, ohne die
Folgen seiner Thorheit, über kurz oder lang, zu
empfinden.

Noch kein Philosoph hat je behauptet, dafs
die Tugend unnüz, und dafs lasterhafte, der Ge-
sellschaft schädliche, Handlungen zuläffig wären.
Wie ungerecht und thöricht ist es also, diese red-
lichen Männer, welche gute Bürger sind, und
überall Gehorsam gegen die Geseze predigen, ihrer Speculationen wegen zu verfolgen! — Aber
freilich — zur Ehre unsrer Zeiten sei es gesagt! —
geschiehet dieses nur noch da, wo Beichtväter
und Pfaffen, mit oder ohne Kütte, die Souffleurs
auf dem politischen Theater sind, und Warheit
und Tugend ungestraft v e r l ä u m d e n können,

———

Ihr wollt nicht blos einen, eurer Einbildungskraft proportionirten, Gott — auch noch

einen

einen Belohner und Rächer haben. Ihr traget auf euren Weltvater eine menfchliche Gerechtigkeit über, und laffet den z u r e i c h e n d e n G r u n d von allem , was ift, *) wie einen Unfinnigen, über feine eigenen Folgen zürnen. Warlich, meine Freunde, eure anthropomorphiftifche Theologie ift klarer Non - Sens ! —

Wenn diefer Gott die lezte Urfache aller Dinge , das Triebrad der ganzen Natur ift , fo find alle Welterfolge — mithin auch eure eigenen Handlungen ! — wenigftens mittelbare Wirkungen jener allgemeinen Urfache , ohne welche nichts fein , nichts gefchehen kann. Alle diefe Erfolge find zulezt in der nothwendigen Thätigkeit jener grofen Urfache , jenes e r s t e n B e w e g e r s gegründet, der alles vorhergefehen, alles aufs befte geordnet hat. Wie kann in einer Welt, die das Werk der volkommenften Weisheit ift, und durch Gottes Einflufs erhalten und regiert wird, je ein Erfolg entftehen , der ihm — dem allgemeinen Urheber! — misfällig, oder feinen Abfichten z u w i d e r wäre? — Was ift feine

C   All-

_____

*) Und alfo auch von allem, was gefchiehet.

Allmacht anderſt, als unwiderſtehlich wirkende Kraft? — Wer kann ſeinen Plan je ſcheitern machen, oder ihn nur in Einem Punct alteriren?

Iſt Er ein homeriſcher Iupiter, deſſen Thron Giganten ſtürmen können, wenn ſie Oſſa auf Pelion wälzen? — —

Vergebens blikt euer Auge hinauf in die blauen Tiefen des Himmels, um über jenem eingebildeten Gewölbe ſeinen Thron zu ſuchen. Dieſe Seele der Natur, dies allgemeine Prinzip der Bewegung, iſt entweder überall, oder nirgends. Kein begrenzter Raum, keine Gegend des Himmels ſchlieſst es ein. Die Erde iſt nicht mehr und nicht weniger ſein Siz, als der Aether in fernen Raumen. Warum den Zorn eines Weſens fürchten, welches keine Galle und keine Leidenſchaften hat? — — warum den Lohn der Tugend auſer der Tugend ſelbſt ſuchen? — —

Laſst Schwärmer immerhin glauben, Menſchen hätten ihren Schöpfer — der nicht leiden kann! — beleidigt! — Gott ſelbſt habe, um Gott zu verſöhnen, um ſich Satisfaction zu geben, Menſch werden, leiden und ſterben müſſen. Die Vernunft ſiehet ein, daſs Gott nicht etwas

wer-

werden kann, was er zuvor nicht gewefen ift; dafs der Ewige nicht in Geftalt eines kleinen Knaben von einem Weibe geboren werden, dafs er nicht leiden und fterben kann.

——

Aber euren bewölkten und vom Aberglauben geängfteten Geift umfchweben, wie Furien des Orkus, alle Schreken der andern Welt. Ihr zittert vor eurem eignen Schatten, vor einem Gofpenft, welches der Tod heifst, und eurer bangen Phantafie in den fcheuslichften Geftalten fich darftelit. Erfchrokne Sterbliche! hört die Stimme der Vernunft! von ihr erleuchtet, entfaget endlich jenen Vorurtheilen, welche die Mörder eurer Ruhe find! — — Wo waret ihr, eh' eure Mütter euch empfiengen? eh' eure erfte Sonne euch aufgieng? — Lebtet ihr, empfandet ihr fchon, eh' eure Sinnglieder von der Hand der Natur gebildet wurden? eh' jener Keim fich entwikelte, worin ihr ohne Bewufstfein fchliefet? Wenn unfre Exiftenz einen Anfang gehabt hat, fo mufs fie ein Ende haben. Ich bin ein Menfch, und nichts weiter. Der Menfch ift offenbar kein

ein-

einfaches geiftiges Wefen. Ohne Ausdehnung
hätte er keinen Cörper. Ohne Cörper wäre er
nicht Menfch. Die Ausdehnung und Bewegung,
d. h. der Cörper, ift dem Menfchen eben fo wefentlich, als die Seele, oder das Denken. Der
Cörper ift es eben, der unfere Seele zu einer
menfchlichen Seele macht. Von den Wirkungen einer vom Cörper gefchiedenen Seele
können wir uns nicht die geringfte Vorftellung
-machen.

Die Erfahrung beweifet zur Gnüge, daß wir
eben fo wenig ohne die innern Organe des
Kopfes denken, als ohne Augen fehen, ohne Ohren hören, ohne Nerven empfinden, ohne Ma-
gen verdauen, ohne Herz und Eingeweide leben
können.

Zu jeder Verrichtung des Menfchen — des
Thieres — werden gewiffe Organe erfodert. Die
Verlezung oder Zerftörung derfelben macht uns
zu denen, von diefen Organen abhangenden,
Verrichtungen unfähig. Kann man, ungeachtet
der anfcheinenden Einfachheit und Untheilbarkeit
der Sehkraft, läugnen, daß diefe Kraft aus der
organifchen Structur des Auges refultirt? daß fie

unter-

untergehet, wenn diefer Organifmus zerflöret wird? — — Diejenigen, welche unfere Denk‑kraft den Cörper überleben laffen, könnten mit eben dem Recht die ewige Fortdauer der Seh‑kraft nach der Zerflörung der Augen; des Ge‑hörs, nach der Zerflörung der Ohren; und des Gefühls, nach der Zertrennung aller Nervenza‑fern, behaupten. Cörper und Seele find ein und eben daffelbe Ding, welches, unter der Eigen‑fchaft der Ausdehnung und Bewegung vorgeftellt, Cörper, und unter der Eigenfchaft des Den‑kens betrachtet, Seele, heifst.

Niemand kann denken, ohne zu empfinden. Begriffe find nichts als Refultate aus der Verglei‑chung finnlicher Eindrüke. Um Begriffe bilden, um finnliche Eindrüke mit einander vergleichen zu können, mufs man finnliche Eindrüke, d. h. Empfindungen, haben. Empfindungen find Rüh‑rungen — Affektionen — der Sinne. Um alfo empfinden zu können, mufs man Sinne — Orga‑ne — haben. Alfo einen Cörper. Der Tod be‑raubt uns aller Sinne. Er zerflört alfo die phy‑fifche Senfibilität. Wie kann man, dés‑erganifirt, leiden oder geniefen? Güter und

Uebel

Uebel giebt es nur für Lebende , d. h. im Verhältnifs der Dinge zu unferer Sinnlichkeit , welche der Tod aufhebt. Die Ideen der foliden Ausdehnung und Bewegung — in welche fich unfere
ganze Kenntnifs der Materie auflöfen läfst, er-
langen wir durch die Sinne des Gefichts und Gefühls. Der Tod raubt uns offenbar diefe
Sinne. Folglich verfchwindet in feinen Schatten
die Idee der Materie, welche den Gebrauch jener Sinne vorausfezt.

Den Begriff der Immaterialität, und
was auf diefen relativ ift, können wir eben fo
wenig jenfeits der Urnen beibehalten. Diefer
Begriff ift nur negativ. Iede Verneinung fezt eine Bejahung voraus. Die Idee des immate-
riellen, wenn fie auf irgend Etwas applicirt
werden foll , unterftellt eine Vergleichung
diefes Dinges mit der Materie, folglich die Idee
der Materie , folglich den Gebrauch der Sinne.
Denn , ohne ein Ding, welches immateriell fein
foll , mit der Materie zu vergleichen , kann ich
nicht entfcheiden : es habe die materiellen Befchaffenheiten nicht. Wer ein Ding mit einem andern
vergleichen will , der muß von beiden eine Vor-
ftel-

ftellung haben. Wer etwas für immateriell aus-
giebt, der verneinet von ihm nur die materiellen
Befchaffenheiten. Wie kann er das aber, ohne
von den materiellen Befchaffenheiten eine Idee
zu haben? — und wic kann man — nach der
Betaubung aller Sinne — eine Idee noch haben,
welche den Gebrauch der Sinne fupponirt? —
Um die eingebildeten Schreken des Orkus
völlig verfchwinden zu machen, ift es noch nöthig, zu erwägen: dafs man nach der Auflöfung
der Organe nicht nur nicht empfinden, fondern
fich auch ehemals gehabter Empfindungen und
ehemaliger Handlungen nicht mehr erinnern
kann.

Schlaget die Iahrbücher der Arzneikunft, die
Werke der Phyfiologen, die Sammlung der Be-
obachtungen auf, welche die Söhne des Hippo-
erates aufgezeichnet haben! — Ueberall werdet
ihr durch Facta bewiefen finden, dafs das Ge-
dächtnifs cörperlich, dafs es eine Modification des
Hirns ift, dafs feine Stärke oder Schwäche von
der guten oder fchlechten Befchaffenheit des
Hirns abhängt.

Ein wenig Blut, welches aufs Hirn drükt,

lüfchet

löſchet der Seele göttliches Licht aus. Ein von Winden aufgetriebener Darm, ein Klumpen Koth im Unterleibe, macht den gröſten Geiſt zum Dummkopf.

Der Lethe der Alten, deſſen Waſſer das Andenken der Vergangenheit auslöſchet, die Ideen vertilgt, die auf den vorigen Zuſtand ſich beziehen, iſt keine bloſe Fabel.

An ſeinen ſtillen friedlichen Ufern ſchwindet bis auf die kleinſte Sylbe jener räthſelhafte Traum weg, den wir Erdenleben nennen. Schon diſſeits können cörperliche Urſachen, welche das Hirn afficiren, das Gedächtniſs zerſtören, und uns das Bewuſtſein, die Erinnerung des Vergangenen, rauben.

Das Denken iſt nur eine Art zu ſein des Menſchen. Wie können ſeine Begriffe ihn überleben? — — Kann die Uhr, wenn ſie zerbrochen iſt, noch fortfahren, die Zeit zu meſſen, und die Stunden zu zeigen? — Wird die Harmonie länger dauern, als die Leier? Das Bild im Spiegel länger, als der Spiegel? — —

Laſſet uns die Meinungen der Klügſten unter den Alten hören. Ovid läſst den Pythagoras ſagen:

fagen : O Volk ! von kalter Todesfurcht erstarret!
was fürchtest du den Styx , die Finsternisse , und
leere Namen ohne Sache ? — Den Stoff der
Poeten, die Gefahren einer erträumtnn Welt? —
Timaeus von Lokris gestehet, daſs die
Lehre von der Unterwelt nur für den Pöbel, aber
für die Vernunft eine Fabel fei. Aristoteles
läugnet ausdrüklich Belohnungen und Strafen jenfeits des Styx. Cicero fpricht , nach feiner
Gewohnheit , fehr zweifelhaft von der Unsterb-
lichkeit der Seele. Mehr als einmal aber behan-
delt er die Lehre von der Hölle und ihren Furien als ein Mährchen , und fiehet den Tod als
das Ende aller Dinge für den Menfchen an. Se-
neka lehrt ein Nichtfein, Nichtempfinden, nach
dem Tode. Er fagt wörtlich: der Tod ist Nichtfein. Ich werde nach dem Tode fein , was ich
vor dem Anfang meines Lebens gewefen bin.
Als wir noch nicht gezeugt waren , haben wir
keine Uebel empfunden. An die Marcia fchrieb
eben diefer Philofoph : Du mufst erwägen, daſs
kein Uebel den Toden afficirt. Was die Unterwelt uns fchreklich macht , ist eine Fabel. Der
Tode fiehet die Finfterniſs nicht , die ihn um-

giebt.

giebt. Er weis nichts von feinem Kerker. Es
giebt keine Pech - und Schwefelfeen , kein Tri-
bunal und keine Henker dafelbft. Dies find Er-
dichtungen der Poeten , nichtige Schrekbilder.
Der Tod — fährt S e n e k a fort — ift das Ende
aller Schmerzen. Ueber feine Grenze hinaus er- .
ftreken fich unfere Uebel nicht. Er bringt uns
in jenen ruhigen Zuftand zurük, worin wir uns,
vor unferm Eintritt in diefes Leben , eine Ewigkeit hindurch befunden haben. —.— S e n e k a,
der Tragiker , erklärt eben fowol die Seele für
fterblich, A r r i a n läfst den weifen und tugend-
haften Epiktet fagen : es giebt keine Hülle , keinen Acheron , keinen Cocytus. — Der weifefte
und gerechtefte unter den Kaifern — A n t o n i n,
der Philofoph! — fagt : wenn im Tode die Em-
pfindung aufhöret , fo werden wir von allem
Schmerz und Elend befreiet. Bekommen wir
aber einen ganz andern Leib, andere Sinne,
nach der Beraubung der jezigen , fo werden wir
in Gefchöpfe von einer ganz andern Art verwandelt. Das heifst : wir dauern nicht als e b e n
d i e f e l b e n Perfonen fort. — — Eben diefer
philofophifche Kaifer fagt : der Tod fei nichts,

als

als die Auflöfung des Thieres in feine Elemente. — —

Können nach diefer Auflöfung gewiffe Fähig-
keiten des Thieres — z. B. fein Vermögen zu
empfinden — fortdauern? Dies hiefe, die Sehkraft das Auge überleben, und das Gefühl länger
dauern laffen, als die Nerven!

Man hat, um die Möglichkeit einigermaffen
begreiflich machen zu können, wie eine vom
Görper gefchiedene Seele noch denken, Schmerz
und Vergnügen empfinden kann, die Auferfte-
hung der Toden erdacht. Man fah ein, die
Seele allein fei doch nicht der Menfch; ihre
Fortdauer nicht die Fortdauer des Menfchen.
Der Zuftand der Seele nach der Auflöfung ihrer
Organe könne mit menfchlichen Verhältniffen
doch nichts gemein haben. Daher die Voraus-
fezung, dafs Gott, man weis nicht, wenn? —
für jede Seele einen neuen, dem vorigen ähnli-
chen, Leib bilden, und die Seele mit diefem
Subftituten ihres ehemaligen Cörpers wieder ver-
einigen werde.

Aber nicht zu gedenken, dafs diefe Voraus-
fezung gar keinen Beweis für fich hat, fo ift es
klar,

klar, daſs ein aus elementariſchen Theilen noch
ſo künſtlich zuſammengeſezter Leib nicht für die
Ewigkeit taugt ; daſs es in der Natur kein *Per-*
petuum mobile giebt; daſs auch die feſteſten, här-
teſten Cörper — den Demant nicht ausgenom-
men — endlich in Staub zerfallen, oder in
Dunſt verfliegen. Sollte aber meine Seele nach
Verlauf von Millionen Iahren einen neuen Leib
von ganz anderm Stoffe , und ganz anderer Zu-
ſammenſezung — einen Leib, der von meinem
jezigen durchaus verſchieden wäre , beleben, ſo
wäre ſie m e i n e Seele nicht mehr. Sie wäre die
Seele einer ganz andern Creatur geworden, die
keinen menſchlichen Leib hat, und alſo auch
kein Menſch iſt, oder heiſſen kann.

Unmöglich kann ein und daſſelbe Ding zwei-
mal exiſtiren. Aus ſeinen Elementen bildet die
Natur was neues. Aber iſt dieſes Neue auch
wirklich das v o r i g e Ding? — — Wir wollen
uns nicht damit aufhalten , Chimären zu wider-
legen , welche die geſunde Vernunft beleidigen,
und alle menſchliche Warſcheinlichkeit wider
ſich haben ! — — Nur bemerken wir noch ,
daſs aus dem L a n d e d e r S e e l e n nie ein Ver-

ſtor-

ſtorbener in dieſe Oberwelt zurükgekommen iſt,
um uns von dorther Nachrichten zu überbrin-
gen. Wir können daher alle Relationen von
Streifereien und Entdekungsreiſen in die Geiſter-
welt als apocryphiſch anſehen. Der Unwiſſenheit
und Einbildungskraft der älteſten Welt haben die
Nymphen und Faunen, Najaden und Tritonen,
die Coelicolen, die Furien und die erſcheinenden
Schatten der Verſtorbenen, ihr fabel-
haftes Daſein zu danken. .

Ohne menſchliche Organiſation iſt es nicht
möglich, menſchlich zu empfinden, menſchlich zu
denken. Unſere Organiſation aber iſt offenbar
nicht für die Ewigkeit gemacht.

Warum nun mit thörichten Hofnungen ſich
ſchmeicheln? warum mit grundloſen Beſorgniſſen
ſich quälen? — — —

—

Die Furcht vor dem Nichtſein iſt Furcht vor
einem Uebel, welches wir nie empfinden werden. Kann ich in der ſtillen Wohnung der Toden — wohin kein Stral des Lichts, aber auch
keine Sorge, keine Furie der Verfolguug drin-

gen wird — die Länge der Ewigkeit fühlen,
und mit Ungeduld die Stunden , Tage und Iahre
zählen , die über meinem Staube hingleiten? —
Warum einen Zuftand fürchten , der vom
Schmerz und Langerweile frei ift! Ift traumlofer
Schlaf — diefe Sehnfucht der Leidenden — auch
ein Uebel? — — Shakefpears Hamlet hätte
nicht nöthig gehabt

> — — — *Träume, die im Todesfchlaf*
> *Uns fchreken — — —*

zu befürchten. Träumen heifst leben. Wer träu-
met und fühlt , ift nicht todt. Träume hängen
vom regen Spiel innerer Organe ab.

Wenn das Leben kein Gut ift, fo würde
auch feine ewige Fortfezung — die Unfterblich-
keit ! — kein Gut fein. Taufend Uebel find von
unferer zerbrechlichen Exiftenz — welche dem
Streit der Elemente preisgegeben ift — unzertrennlich. Der Tode hat keine Bedürfniffe mehr.
Er fehnet fich nicht nach dem Leben, weil diefe
Sehnfucht die Idee des Lebens vorausfezt, und
die Idee des Lebens , wirkliches Leben, unter-
ftellet. Ift man unglüklich , wenn man nicht
hat, was man nicht begehret? — —

Kann

Kann der Tode es empfinden, daſs er todt
iſt? — und kann dasjenige für uns ein Uebel
ſein, was wir nie empfinden? — — —

Genuſs des Vergnügens iſt nur Bedürfniſs
für den Lebenden, nicht für den Toden.

Der Tod iſt alſo kein Uebel. Er iſt traumlo-
ſer Schlaf, von dem man nie erwachet. Wer
dieſen ſchläft, wie kann d e r elend ſein?

Fühlt er, voll Ungeduld, der Ewigkeiten
Länge?

Sieh't er die Finſterniſs? iſt ihm ſein Haus
zu enge?

—

Wenn wir auf den Zuſammenhang und die
Folgen in der Reihe aller Dinge Achtung geben,
ſo bemerken wir, daſs keine Bewegung geſchie-
het, ohne, daſs eine andere vorhergegangen iſt,
und eine dritte darauf folget.

Eine abſolut - erſte Bewegung läſst ſich ohne
offenbaren Widerſpruch nicht annehmen. Ihr
müſste abſolute Ruhe unmittelbar vorhergegangen
ſein. Dieſe iſt ein Unding. Der Uebergang der
Materie von ihr zur erſten Bewegung würde ei-

nen

nen ungeheuren Sprung enthalten, der weder
in dem Wefen eines einzelnen Dinges, noch in
dem allgemeinen Zufammenhang gegründet fein
kann. ' Tendenz zur Bewegung fcheint
wirklich der Materie wefentlich zu fein.
Man kann die Urfache der Bewegung nicht in
einem hyperphyfifchen, unbeweglichen Wefen fuchen, weil man fonft dem Saze widerfpre-
chen würde : ein Ding kann eine Eigenfchaft,
die es felbft nicht hat, auch nicht einem andern
mittheilen. Alle Argumente gegen die Möglichkeit einer anfangslofen Succeffion find vergeblich.
Iede Reihe, wenn fie nicht zulezt aus Nichts
entfpringen foll, muſs eine unendliche fein.
Aus Nichts Etwas ift ein vierekigter Zirkel,
die gröſte Beleidigung für die Vernunft.

Die gröſten Philofophen geftehen jezt ziem-
lich allgemein, daſs die vorgeblichen Gründe gegen die Ewigkeit der Materie und der Bewegung
eben fowol die Ewigkeit des Geiftes, oder des
Denkwefens, erfchüttern würden.

Denken ohne alle Succeffion ift für uns gar
nichts. Eine anfangslofe Succeffion von Bewegungen in der Materie ift aber nicht fchwerer zu

begrei-

begreifen, als eine anfangslose Succeffion der Gedanken und Handlungen in einem Geifte.

Wie könnte auch der Geift — der, wie man vorausfezt, mit der Materie nichts gemein hat — die Materie hervorgebracht haben? — Von zwei Dingen, die nichts mit einander gemein haben, kann eins nicht die Urfache und nicht der Erklärungsgrund des andern fein.

Clarke und Wolff beweifen die Exiftenz eines auferweltlichen Gottes aus der Zufälligkeit der Welt. Diefer Beweis beruhet auf falfchen Prämiffen. Die Welt kann nicht zufällig fein, wenn fie ohne Urheber für fich beftehet. Sie kann nicht zufällig fein, wenn fie die Wirkung einer äufern abfolut - nothwendigen, unveränderlichen Urfache ift. Denn diefe Urfa-che wirkt nicht zufälligerweife. Von ih-rem vollftändig gefafsten Begriff ift der Begriff ihrer Wirkung unzertrennlich.

Ich bitte die Confequenzen - und Kezerma-cher, die Gegenfüsler und Verläumder der Phi-

D   lofo-

losophie, welche aus löblichem Eifer, sonst auch
heilige Hirnwuth genannt, so gerne die Philoso-
phie vertilgen, und die Philosophen auf dem Ro-
ste braten möchten — — ich bitte sie, mich,
wo möglich, recht zu verstehen, und nicht etwa Atheist! Atheist! zu schreien. Ich mögte ihnen gar zu gern eine Sottise ersparen. Kein
Mensch in der Welt ist vom Dasein Gottes mehr
überzeugt, als — ich. Ich bemühe mich sogar,
die nothwendige Existenz der unendlichen
Substanz zu erweisen. Nur den Gott der Phan-
tasie und des Aberglaubens bestreite ich; welcher
gewiss nicht der Gott der Natur und der Vernunft ist. Muss derjenige ein Atheist heissen,
welcher das goldene Kalb, um welches dumme
Hebräer zu Aarons Zeiten gedankenlos tanzten,
nicht anbetet? — *Beccaria* hat ganz Recht,
wenn er sagt: *Fecero un gran bene all' umanità*
quei primi errori, che popolarono la terra di false
divinità, e che crearono un universo invisibile rego-
latore del nostro. Furono benefattori degli uomini
quegli,

quegli , che ofarono forprendergli , e firafcinarono
agli altari la docile ignoranza.

Allein, wenn der Menfchenverftand nach und
nach fich aufgeklärt hat, wenn man die Menfchen über ihr wahres Interefte, über die wahren Gründe und Quellen ihrer Pflichten, über
das Verhältnifs ihrer Handlungen zu ihrem End-
zwek — der Glükfeligkeit , in gehörig abgemef-
fenen Stufen, erleuchtet hat, wenn man den Un-
terricht, und die noch immer fo elende Erzie-
hung der Iugend verbeffert, wenn man weife,
d. h. ihrem Zwek entfprechende, Gefeze gegeben
hat, und die Uebertreter diefer Gefeze mit allem
Nachdruk zu ftrafen weis — — follten denn ie-
ne Popanzen noch nöthig fein, wodurch man ro-
he kindifche Völker fchreken mufste?

Ich fchliefe mit einer Stelle des Marchefe
Beccaria :

„ *L'urto immenfo degli errori utili ai*
pochi potenti, contro le verità utili ai molti debo-
li, l' avvicinamento, ed il fermento delle paffioni,
che fi deftano in quell' occafione, fanno infiniti
mali alla mifera umanità.

„ *La*

„ *La voce di un Filosofo è troppo debole*
contro i tumulti e le grida di tanti, che son gui-
dati dalla cieca consuetudine , ma i pochi saggj ,
che sono sparsi sulla faccia della terra, mi saran-
no eco nell' intimo de' loro cuori. "

Zwote